LA SOLEDAD DEL LETRADO
JOSE ENRIQUE FORNOS CASTELLS

ÍNDICE

ADVERTENCIAS LEGALES...................7
Formación 9
Dedicatoria 11
Propósito del libro 13
CAPITULO 1 19
CAPITULO 2 34
CAPITULO 3 43
CAPITULO 4 47
CAPITULO 5 50
CAPITULO 6 55
CAPITULO 7 63
CAPITULO 8 73

ADVERTENCIAS LEGALES

LA SOLEDAD DEL LETRADO
JOSE ENRIQUE FORNOS CASTELLS

COPYRIGHT © 2017 JOSE ENRIQUE FORNOS CASTELLS. All rights reserved

all rights reserved. No part of this publication (including the novel, the artworks and the illustrations) may be reproduced, stored in or introduced into a retrieval system, or transmitted in any form, or by any means (electronic, mechanical, photocopying, recording, or otherwise) without the prior written permission of both the copyright owner and the above publisher of the book.

No está permitida la reproducción total o parcial de este libro (incluyendo la novela, las obras de arte y todas las ilustraciones) ni su tratamiento informático, ni la transmisión de ninguna forma o por cualquier medio, ya sea electrónico, mecánico, por fotocopia, por registro u otros medios, sin el permiso previo y por escrito del autor y de la editorial.

Depósito Legal libro papel: T 781-2017
Solicitud Inscripción Registro Propiedad Intelectual: T-102-17
ISBN 978-1977556226

FORMACIÓN
J.E. Fornós Castells
(10-3-1972)

Licenciado en Derecho por la UNED 1997
Estudios de Doctorado Universidad Lleida 1998-99 y 1999-2000
Estudios de Grado de ADE y Psicología UOC en la actualidad
Actividad docente ocasional Fundación Pere Tarrés
Conferencias ocasionales Asociaciones y UOC
Titular Bufete jurídico colectivo DESPATX D'ADVOCATS FORNÓS(1997 hasta hoy)

DEDICATORIA

No es fácil la ardua tarea, de mostrar mi más sincero agradecimiento a personas entrañables de las que he podido gozar en estos 20 años como letrado y de los que a buen seguro me honrarán con su compañía, durante muchos años más; pero sin embargo, es justo reconocer la esencial y revitalizadora existencia de dos motores en mi vida , una es la reina del cielo que es mi Madre Delia, una persona entrañable inmensamente generosa y con un cariño y entrega sin parangón y el otro motor, es mi amado hijo PAU del que no puedo decir más que virtudes y del que me llena de vida cada día.

Propósito del libro

Ab initio, han sido muchos los sentimientos que me han impulsado a escribir este humilde texto, no me atrevo a llamarlo libro, puesto que sería un ejercicio de vanidad innecesario, pues siendo sinceros, es mi primera incursión en este mundo, a pesar, de las miles de demandas y actuaciones judiciales que he dirigido, con lo cual, obviamente, no tengo ni la soltura ni la experiencia de un escritor profesional, pidiendo disculpas anticipadas a quien pudiera defraudar con mi sencillez expositiva, pues no pretendo dirigirme tan sólo a profesionales jurídicos, sino y fundamentalmente al ciudadano de a pie.

Cualquier persona, a lo largo de su vida, a buen seguro, tendrá que recurrir a un letrado y tendrá que vivir o mal vivir en sus propias carnes, lo que en muchas ocasiones es la Justicia, esto es, un camino incierto, tortuoso y sin seguridad, pretendiendo también explicar, la tremenda e incomprendida soledad que sufrimos los letrados en jornadas maratonianas en nuestros despachos repletos de libros jurídicos y a quienes en muchas ocasiones, fruto de la ignorancia y desconocimiento, se ha frivolizado en nuestra complicada pero a la vez apasionada, excitante y maravillosa profesión.

La profesión de abogado es tremendamente dura y con frecuencia incomprendida , más allá de calificativos oportunistas , carentes de rigor , se tilda con frecuencia, la actividad de los letrados como de una vida acomodada, aburguesada y sin complicaciones.

Quien se permite tales calificaciones, probablemente jamás será abogado , a lo sumo será licenciado, hoy graduado en derecho, que pese a quien pese, no tiene nada que ver con la actividad profesional de la abogacía.

El motivo del título " la soledad del

letrado" obedece a diversas reflexiones internas que me han llevado a lo largo de mis 20 años de experiencia profesional, a la profunda convicción de la realidad del título:

ABOGADO

En primer lugar, sin que el orden de prelación signifique mayor o menor importancia , por la propia naturaleza de la profesión de abogado, quien defiende los intereses de terceros ante los Organos de Justicia, pero no sólo antes los mismos, sino quien, además, asesora jurídicamente a terceros; dicha compleja actividad , en quien es profesional, exige un plus de responsabilidad por esos terceros, pues los mismos, que un día podemos ser nosotros mismos, tienen situaciones complicadas que requieren necesariamente una orientación profesional; pensemos verbigracia, en quien está privado de libertad, o en quien lucha por la custodia y/o visitas de sus hijos y un largo etcétera.

Corolario de lo anterior, es que la actuación del letrado ha de estar presidida por las notas de profesionalidad , entendiendo como tal, la dedicación plena , exclusiva a la par que excluyente, y por ende la abnegada entrega a la actividad diaria de letrado y no a dispersarse en múltiples ocupaciones que sin duda, disipan y mitigan la dedicación íntegra que un cliente ha de exigir de un profesional del derecho .

No es difícil entender, que el cliente está en tus manos y que tu actuación, es de vital importancia para la resolución satisfactoria de cuantos asuntos se someten a tu intervención , pues sus intereses y derechos, en buena medida, se verán satisfechos en función de tu actuación, cual nexo de causalidad .

SOLEDAD

Soledad, también, pues, como en otras profesiones, médicos, arquitectos, existe una convicción asentada en la sociedad , de que la mayoría de las personas es docta en leyes, al igual que los es en medicina y arquitectura, por poner un ejemplo de otras profesiones que han gozado siempre de una respetabilidad social y ello entronca necesariamente en que no pocas personas, se erigen en paladines y redentores de la justicia, con un profundo desconocimiento, con frecuencia, de todo cuanto dicen , pues " una cosa es una tertulia en el bar con unos amigos y otra muy diferente, es hablar con una pretendida propiedad jurídica intelectual, inexistente" ; ello nos lleva a la conclusión lógica, en que quizás, con demasiada frecuencia, no se valora por la sociedad, la verdadera dedicación y abnegación que en muchas ocasiones un letrado vierte en un asunto, pues conocida es la afirmación de que "si se gana un juicio es que el caso estaba ganado de antemano y si se pierde , es evidente, que el abogado era un incompetente".

Existen numerosos "abogados de secano" quienes con su contumaz ignorancia jurídica vierten dogmas absurdos, que únicamente suscitan confusión y distorsión.

Quien no tiene letrados en la familia, aún se siente más sólo, pues no llegan a entender las propias familias, que un letrado profesional, dedique tantas horas en la soledad de su despacho, al estudio pormenorizado del asunto encomendado, llegando a sacrificar en gran medida, su propia vida familiar y personal , haciendo en muchas ocasiones, encajes de bolillos, para llegar a atender todos los asuntos que le son interesados, pues no olvidemos y así será más profusamente desarrollado, que los letrados estamos sometidos a la tiranía de los plazos en las actuaciones judiciales, algo que los órganos judiciales no sufren en su actuación, pues los plazos para ellos, son mucho más generosos, recreándose con frecuencia, en esa generosidad temporal en sus actuaciones diarias, llegando a desesperar, en ocasiones, al justiciable y al propio profesional de la pasividad y parsimonia de un sistema anacrónico, anquilosado y desesperante.

CAPITULO 1
VIAJE INICIÁTICO A UNA TRISTE REALIDAD

Os habéis planteado porque alguien escoge la carrera de Derecho -Quien elige la carrera de derecho en buena medida lo hace animado por las aparentes salidas profesionales, siendo esta premisa una motivación adicional.

Obviamente, también en muchas ocasiones, se elige Derecho por tradición familiar pues es lógico pensar que, quien dispone de un despacho profesional con un trabajo estable y consolidado, piensa en sus hijos para que el día de mañana, con independencia incluso, de la ilusión o no de sus hijos de seguir la trayectoria del padre o madre o de ambos, puedan tener asegurada, de ésta forma, un medio de vida suficiente, aunque mi consejo es que los hijos al igual que cualquier persona, ha de elegir los estudios o su formación laboral en lo que le llene , complete o satisfazca.

En mi caso particular he de confesar que no fue mi primera opción pues inicialmente quería encaminar , no sin mucha seguridad y convicción, mi carrera profesional por el mundo de la empresa (empresariales , económicas) pero por un azar del destino elegí la carrera de Derecho , en gran medida animado por un buen amigo, letrado de profesión, Pepe Mata, quien en aquellos lejanos años 1990 había empezado Derecho cuando yo terminaba COU .

He de confesar que compatibilizar los estudios con el trabajo en la empresa familiar no fue fácil , pues mi familia disponía de un pequeño negocio de venta de electrodomésticos y a la vez, que ayudaba en casa estudiaba la carrera ; pero he de confesar siendo sincero, que me resultó en cuanto a contenidos y en cuanto a exigencia académica una carrera muy fácil pues sin dificultad la termine joven.

Es evidente, que la inexperiencia de la juventud, unido a un mundo que quizás se idealiza en exceso , el de la justicia, me hizo pensar en que existía una justicia justa, valga la redundancia; ello, unido a las ansías de trabajar me hizo emprender un camino fangoso y dificultoso no exento de riesgos y únicamente alentado por quien me lo dio todo y quien siempre confío ciegamente en mi(mi madre que en paz descanse) pero sin duda, lleno de retos que obviamente éstos, están para superarlos .

De entrada, he de reconocer y con ello entonar "el mea culpa" pues, quien suscribe, fue quizás, muy impulsivo a la hora de empezar a ejercer, pero eran tantas las ganas de trabajar y luchar por los derechos de los clientes y de los míos propios, que le eche el valor necesario para ello.

Sin embargo, pronto tras las ganas y la ilusión incipiente, vino la cruda realidad, que es, una administración de justicia, lenta, sobrecargada, parcheada constantemente de reformas imprecisas e incompletas, condenando al justiciable a un peregrinaje judicial largo, costoso, errático e imprevisible, sometido a los avatares pendulares del sistema judicial.

En muchas ocasiones, se me ha preguntado el porque, de las enormes posibilidades que ofrece la carrera de derecho elegí ser abogado ; pues bien, la respuesta no es sencilla pero , creo que en todo caso, es una cuestión de carácter, pues entiendo que tener un determinado carácter, ayuda a definirte ante una u otra salida, a la vez, que hay salidas que evidentemente ya no satisfacen tus expectativas pues en mi caso particular, tenía muy claro que no quería ser juez , pero no por una cuestión de dificultad en las oposiciones , sirva de entrada, la afirmación contundente que no hay ninguna oposición imposible ; con lo cual, si mi propósito hubiera sido ser juez o notario , como el de cualquier otro estudiante con ganas y esfuerzo, con toda seguridad hoy, sería magistrado o notario; pero sin embargo, nunca me gustó juzgar nada ni a nadie , entre otras cosas , porque con independencia que sea un trabajo arduo y complicado, por otro lado no más que el del letrado, entiendo que no encajaba con mi forma de ser activo , dinámico , dialogante y con ganas de permanentes motivaciones, rehuyendo en consecuencia, de un trabajo marcadamente funcionarial

No podemos pasar inadvertido que para ser letrado y ser feliz en el ejercicio de la abogacía, confluyen numerosas características personales, que se tiene o no se tiene , siendo éstas, muchas veces, las determinantes para ser inmensamente feliz en el ejercicio del día a día , que pasaré a desarrollar:

-**Amar el derecho**, sentir pasión por el derecho a

través del cual, buscar la razón del cliente jurídicamente, esa búsqueda en si mismo, "per se", es una poderosa afrodita, un acicate de incesante motivación, un cúmulo de satisfacción por el hecho de la lucha constante de convencer mediante tu versión de los hechos a través de la fundamentación jurídica de las pretensiones.

-**Ser un buen relaciones públicas**- Obviamente no hay que ser tímido ni reservado, antes al contrario, hay que ser una persona abierta con capacidad de interactuar con variedad de interlocutores y al que le guste el trato con los mismos; difícilmente una persona antipática y reservada será un buen letrado, pues es necesario a mi juicio, llegar al corazón de la gente, con una capacidad importante de empatía y de comprensión.

-**Oratoria**- Quizá, sea una de las mayores virtudes de un letrado y quizás, a la vez, es el mayor defecto de los mismos, pues algunos, están carentes de la debida y necesaria oratoria, pues obviamente el saber hablar con un discurso coherente, sin pausas que delaten ignorancia, desconocimiento, nerviosismo y carencia absoluta de control de la situación, es absolutamente imprescindible; resulta indigno e impropio e incluso una falta de respeto al Tribunal y al propio cliente, que un letrado lea su alegato o tartamudee en un informe oral o que literalmente no sepa lo que dice y divague absurdamente; del mismo modo que criticaré a algunos jueces desde a mi juicio, un punto de vista constructivo, he de criticar a quien no sabe hablar y a quien al minuto 1 de escucharlo, ya no sabe ni lo que ha dicho; obviamente nos podemos e incluso es necesario auxiliarnos de apuntes o esquemas que refuercen nuestros alegatos y nos ayuden en la exposición oral, pero es imperdonable, que un letrado no tenga la debida y necesaria fluidez verbal ;

-**Capacidad de gestión de emociones** –Asistimos cada día más, a una necesaria fortaleza para gestionar muchas veces las frustraciones del cliente y las del propio letrado, ante la descarga incesante de sentimientos desatados, que provoca una resolución judicial no pocas veces incomprensible, incluso para el propio letrado, pues, cuando uno empieza en esta fascinante profesión a los 23-24 años , suele decir frases al cliente del tipo :
-*Confíe en la justicia*

- Hay que tener paciencia pues el proceso es lento, en poco tiempo resolverá el juez

Pronto obtendremos la respuesta esperada ....

Con el tiempo , esas expresiones que eran una muestra inequívoca de la inexperiencia y de la más imberbe ignorancia e ingenuidad del que tiene conocimientos pero ni un ápice de experiencia, se van transformando en :

-Si tiene dudas sobre el proceso acuda al Juzgado y verá como va su asunto y sin duda allí observará " in situ" porque su proceso , va tan lento.

Pida explicaciones al funcionario de turno, por el retraso. Vaya Vd al Juez y pregúntele porque está tardando 10 meses en dictar sentencia, pues el letrado ya lo ha hecho de forma constante etc etc; irremediablemente tenemos que asumir las responsabilidades propias y únicamente las propias, responsabilizando de los males endémicos de la justicia a quien sea el responsable, pero no asumiéndolo los letrados, que muchas veces, somos los que más trabajamos, salvando excepciones de vagos, que los hay en todos los gremios y profesiones .

Quien suscribe, sencillamente está harto cansado, casi " ad nauseam" de un sistema judicial, que hace aguas por todos los poros de la embarcación , es una absoluta falta de respeto hacia el justiciable, algunas de las actuaciones de los Juzgados hoy en día , pues quien acude al sistema judicial espera, cuando menos, además de un trato justo, un sistema razonablemente diligente; es inadmisible que un juicio penal por ej tarde 5 años en enjuiciarse, con la lógica sangrante y perniciosa pena de banquillo para el justiciable; es imperdonable la falta de rigor en no pocas resoluciones de los Juzgados españoles(sobre todo en primera instancia) y es igualmente inadmisible la falta de independencia real de los Jueces en España .

Queridos lectores, un juez no es una persona intelectualmente inalcanzable ni siquiera es una persona con una inteligencia muy por encima de la media, pues tan sólo, en ocasiones, es necesario, aunque no es poco, saber memorizar en unas duras Oposiciones ; por el contrario, ha de aplicar el sentido común, ese sentido tan lejano en nuestros días pero que es el mínimo exigible en un juez .

-**Competitividad**- Se ha de vivir el día a día, como una auténtica competición, como una lucha por conseguir tus propósitos, buscando permanentemente nuevos retos en tu actividad diaria, aprendiendo de los fracasos, para que mañana sean éxitos y luchando constantemente por ganar los procesos judiciales, con esfuerzo y tesón, y con una buena dosis de autoestima, insuflándote constantemente de ítems positivos de esfuerzo y superación , pues si otros lo han conseguido porque tú no??'

Desgraciado, en ocasiones, el que acude a la justicia

No crean que no me duele esta afirmación , me entristece sobremanera, porque quien ama el derecho , quien ama a su profesión, ha de pretender una justicia de calidad, digna y plenamente competente, pero lejos de ésta entelequia, nos encontramos con un sistema judicial deficitario, imponiéndose cada vez más, la cultura del pacto y el no acudir a la Justicia si no te obligan a ello, aunque, si no hay más remedio, hacen falta "letrados guerreros", pues no podemos obviar que en éstos tiempos actuales, donde constantemente se están judicializando los conflictos interpersonales y donde cada día más , la falta de medios se asienta en nuestros Juzgados y Tribunales , se imponen letrados luchadores , quienes con la fuerza que da el derecho, sepan a través de la acción judicial precisa y llegado el caso, por medio de los recursos ordinarios y extraordinarios que la Ley permite, demostrar sus argumentos con la vehemencia necesaria sin rendirse jamás si entendemos que nos asiste la razón ; téngase en cuenta, que la actividad del letrado, con demasiada frecuencia no es bien entendida, por parte de la ciudadanía, en la medida en que sin conocimiento y sin miramientos, muchas veces, se nos ha pisoteado , simplemente por quien no sabe, no entiende o no está preparado para asumir el sacrosanto derecho de defensa.

Tan noble profesión ha sido, con frecuencia, mal entendida, pues, cuantas veces se nos ha preguntado porque defendemos a ese cliente o esa causa determinada ???; es tan sencillo, como explicar con no poca carga emotiva, que nos entregamos a tan querida profesión, a la defensa de quienes nos confían sus problemas jurídicos, somos los instrumentos, entendido como recursos necesarios y cualificados, para socorrer a muchísima gente en situaciones extremadamente complicadas y dolorosas.

En algunas ocasiones nos encontramos con jueces arrogantes a la par, que poco competentes , aunque obviamente, también los hay en buen número, educados , trabajadores y preparados para la judicatura , pero no faltan jueces poco preparados , quienes creen que por ostentar tal cargo, se les dota de un poder erga omnes; pues al parecer por su condición de jueces, son intocables e incuestionables, craso error, pues , tendrían que saber más de uno que, precisamente existen los recursos para cuestionar la aplicación del derecho llevada a término por un órgano judicial; no faltan los que , quizás llevan impreso en su ADN genético una hostilidad inadmisible, intolerable e inexplicable contra los letrados, sin entender que cada operador jurídico ocupa un lugar en el proceso judicial sin estar ligados por un criterio de jerarquía.

En nuestra actividad profesional, debemos ser educados y respetuosos en nuestras actuaciones judiciales, pero esa necesaria educación y buen trato, ha de ser exigida con igual vehemencia al Juzgador, pues no rendimos pleitesía ni servilismo a ningún juez ni fiscal, aunque a algunos les parezca extraño e intolerable, pues obviamente, al juez que falta al respeto al justiciable o al propio letrado, recibirá una contestación jurídica del propio letrado en el ejercicio legítimo de sus derechos, siendo obvio, que en nuestra actuación no estamos sometidos, insisto, a ninguna jerarquía con ningún Juez ni Fiscal FALTARÍA MÁS.

Es extrañamente curioso, por otro lado, el caso de algunos jueces, los menos, que se sienten cuestionados en su aparente y pretendida capacidad jurídica, cuando se les recurre sus resoluciones, sin darse cuenta, que cada profesional jurídico, realiza sus funciones, en atención a las instrucciones de su mandante y obviamente valorando jurídicamente con rigor, todas las opciones legales de resolución del conflicto.

Siempre y digo siempre cualquier tipo de

interacción personal ha de estar presididas por las notas de educación y respeto, cuando ese binomio flaquea o simplemente brilla por su ausencia, es cuando existen situaciones innecesarias, incómodas y palmariamente desagradables.

No olvidemos nunca, que el letrado ha de actuar ante los Tribunales de Justicia absolutamente independiente y sin ningún tipo de jerarquía, insisto, con nada ni nadie, a excepción del respeto a la ley y el ordenamiento jurídico y el tesón y probidad para con el cliente y digo, lo anterior, porque en ocasiones, incluso por propios funcionarios en pequeño número, los menos, se creen que acudimos a los juzgados, a solicitar expedientes del justiciable, simplemente para no permitir que charlen entre ellos animadamente o hacerles trabajar más de la cuenta, entre el café de las 10 , la pausa de las 11 y el bollo de las 12h ; pues bien, ello no es así, si acudimos a dependencias judiciales no es para importunar a ningún funcionario, sencillamente es para hacer nuestra trabajo de forma profesional, de la misma manera que debemos exigir que también su trabajo lo sea de igual modo, pues no somos enemigos de nadie, tan sólo, y no es poco, somos letrados de quienes nos confían sus vidas en nuestras manos y eso pese a quien le pese, supone un gran esfuerzo de atención y responsabilidad en un enorme ejercicio de implicación y lucha jurídica.

CULTURA DEL PACTO

Al lector que generosamente está leyendo éstas líneas, no tenga la más mínima duda, que ante una situación conflictiva que está abocada a la resolución judicial si no media acuerdo, se impone la necesidad de ceder en sus pretensiones pues el orgullo como en tantas otras ocasiones en la vida cotidiana, es un mal enemigo de la reflexión y la lucidez mental, cercenando la objetividad y el buen juicio y erigiéndose como un elemento de crispación constante.

No se han de escatimar esfuerzos, por abordar de forma dialogada la resolución del conflicto , y obviamente, ceder de forma parcial en las pretensiones de las partes, con el objetivo máximo, de alcanzar un acuerdo consensuado, pues no hay que entender la cesión en alguna pretensión, como un signo de debilidad ni pérdida momentánea de derechos ni intereses legítimos, sino justo lo contrario, un signo de resolución positiva de un asunto , pues someterlo a la intervención de un Juez, en ocasiones, es una tremenda imprudencia a la par que una temeridad, pues sin duda, será el inicio y muchas veces sin retorno, a un "via crucis judicial" que erosionará de tal manera la vida del justiciable, que lo someterá a una constante tensión emocional de efectos netamente nocivos, y es precisamente por ello , pues, que como profesionales sabemos lo que podemos esperar del sistema judicial , siendo necesario, insisto, abordar constantemente la negociación con tenacidad pero abiertos a la concesión siempre que ésta, obviamente, sea bidireccional y reciproca y con criterios de equilibrio .

CAPITULO 2
ROMPIENDO TÓPICOS

1- LA CARRERA DE DERECHO ES FÁCIL

Así como ser abogado- Nada más lejos de la realidad; cierto es, que la carrera de Derecho como cualquier otra y no más que otra, es tan sencilla como puede ser una ingeniería, en manos de quien realmente quiere estudiar y no es una vago vividor ,que también los hay y muchos, pues si uno se propone ser físico o ingeniero aeronáutico también lo será ; así pues, no es la dificultad intrínseca de una determinada carrera sino el tesón y el esfuerzo del estudiante lo que la hace fácil o difícil ; ahora bien , el ejercicio diario a no ser que ames el derecho y la profesión de letrado, es francamente desesperante en muchas ocasiones; por lo tanto, sólo aquel que disfruta ejerciendo de letrado, realmente se siente feliz con su profesión y aún así, muchas veces, no es fácil, pues se está en una situación de permanente tensión, siendo depositarios de los derechos e intereses del cliente pero a la vez de sus preocupaciones y frustraciones, a lo cual no ayuda en modo alguno, una justicia lenta en no pocas ocasiones , pues la resolución del litigio se pospone "ad eternum" . Muchos abogados, que he conocido algunos buenos, otros no tanto, han dejado la profesión por ser literalmente inaguantable la presión del día a día, las exigencias de los clientes ante una administración de justicia agotada y saturada.

2.- Los abogados ganan mucho dinero

De nuevo, un argumento recurrente y fruto de las más absoluta ignorancia de quien se permite formular tal expresión , pues obviamente existirán letrados que ganen mucho dinero y que vivan una vida de lujo , pero la radiografía de la profesión, no es precisamente ésta, sino que hay muchos letrados, muchísimos, que malviven de lo poco que cobran del turno de oficio , un trabajo que jamás será adecuadamente recompensado .

Téngase en cuenta que el letrado que asume el riego de ser su propio empresario con personal a su servicio o sin él, sencillamente se lo juega todo a una carta , la carta del trabajo , trabajo y más trabajo , la lucha constante por exigir el derecho de los clientes , no necesariamente la justicia en sentido estricto .

Pero no nos equivoquemos, el justiciable, en ocasiones, es un desagradecido y los honorarios del letrado quedan en una extraña petición del letrado al acabar su trabajo, craso error, pues si se espera cobrar cuando se termine el pleito (jamás sabremos cuando se terminara de verdad) vamos apañados, pues algunos clientes, sólo se muestran solícitos a colaborar, cuando están en manos del profesional del derecho y su vida y derechos, están en juego; luego , insisto, una vez solucionado su problema legal, sufren una catarsis con efectos de memoria selectiva, en su responsabilidad para con el profesional del derecho.

3.- Los abogados son el mismo satanás

Piénsese que en un pleito, como mínimo hay dos partes en litigio, que es el caso más habitual y frecuente y en consecuencia, cada parte, acude con su propio letrado , quien obviamente, para la parte contraria, de ser bueno profesionalmente, será el peor de los mortales, cuya maldad será comparable al mismo lucifer, no digamos si encima, el adverso, pierde el asunto, pues entonces, además, el letrado habrá comprado o tendrá amistad con el Juez, o piensen las historias más variopintas, pues a buen seguro acertaran; de nuevo, quien refiere tales manifestaciones es un lego en derecho cuando no un contumaz ignorante sabelotodo.

4.- Los abogados se compran

Otro tópico muy asentado en los ignorantes jurídicos; por supuesto, y como en otras profesiones, habrá letrados a los que se les pueda comprar, como hay jueces, médicos y arquitectos, pero ello, no es inherente a la condición de letrado, sino que tiene su íntimo arraigo, en la propia esencia de la persona susceptible de soborno o corrupción . El letrado íntegro y honrado, jamás sucumbirá a los viles chantajes y a las manipulaciones, pues ante todo, ha de ser un buen y digno profesional, pues la integridad del profesional ha de ser inmaculada en grado sumo.

5.- LA JUSTICIA ES UN DESATINO

Este es uno de los pocos tópicos en los que creo firmemente acertada la afirmación , pues es inadmisible, vergonzoso y desesperante en muchas ocasiones, las disfunciones de un sistema judicial, al que los letrados constantemente tenemos que hacer un esfuerzo para disuadir a los clientes, del ejercicio de sus pretendidos derechos ante los Tribunales de Justica, pues la experiencia demuestra que siempre, sin excepción, hay que buscar el acuerdo y el consenso, pues como, "aterrice tu asunto en un Juzgado dirigido por un Juez poco competente puede pasar cualquier cosa, imprevisible "cual ruleta rusa" y creánme, existen.

6.- CLIENTES QUE PRETENDEN DIRIGIR A LOS LETRADOS

Aunque parezca absurdo, y en realidad lo es, existen con frecuencia, no pocos clientes que pretenden dirigir tu defensa, cuando no te la cuestionan directamente; algunos de ellos a lo mejor a los 40 años estudian Derecho , a lo mejor lo han buscado en internet o sencillamente, se creen en su profunda ignorancia más preparados que tú.

Conocida es la expresión " la ignorancia es muy valiente" . Ante éstos perfiles de clientes y dada mi experiencia, lo mejor es, de entrada, imponer unos ciertos límites, que aun cuando pueden ser de sentido común, en ocasiones, es el menos común de los sentidos; acaso alguien, cuestiona el diagnóstico de un médico sin tener conocimientos médicos???? Por favor seamos serios, pues como decía, ante ello, ha de quedar palmariamente claro, quien es el letrado y quien dirige el asunto en todas sus fases; por supuesto, que el cliente puede y debe aportar a la causa, pero en un sentido constructivo y ayudando, pues como decía en el 'prólogo del presente libro, estamos llenos y cansados de abogados de bar

CAPITULO 3
Virtudes de un letrado

Formación

Naturalmente el letrado ha de estar bien formado, pues ello es una obviedad y una exigencia, toda vez que el cliente, además, merece que la calidad del letrado sea óptima, sin embargo, he de decir, que es imperiosamente necesaria, la especialización en una materia concreta del derecho o dos si es menester, pero es inadmisible, pretender abarcar el basto conocimiento jurídico; asistimos en no pocas ocasiones, a que un joven letrado pretende y así lo exterioriza en llamativas tarjetas de visita o pomposos anuncios mediáticos, ser especialista en multitud de ramas jurídicas(administrativo, fiscal, penal, laboral, civil etc) ; he de decir, que cuando veo tamaña insensatez, me ruborizo, pues es materialmente imposible, apenas terminar la carrera defender con suficiencia, tal ingente temario jurídico.

Valentía

Hay que ser valiente, luchador, sabiendo que la valentía no significa en modo alguno ser irrespetuoso y utilizar malas artes, sencillamente es entregarse a una causa , creer en ella, luchar abnegadamente por la victoria judicial, no dejarse amilanar nunca, por aparentes complicaciones pues todas, absolutamente todas, son vencibles si trabajas con ahínco, con total entrega a una causa, con pasión y devoción, sin miedo, pero con la prudencia de una mente fría y calculadora , previendo en la medida de lo posible, las jugadas del adversario y preparando los asuntos con equilibrio intelectual.

Trabajo y Responsabilidad

Obviamente, las cualidades referidas son extrapolables a todas las profesiones, pero sin duda, en la de letrado, se evidencia con mayor claridad, habida cuenta que, aunque no se valore por el ignorante jurídico, requiere un trabajo intelectual constante, un estudio pormenorizado del asunto, con detalle y ello sólo es posible, si el letrado es trabajador y responsable pues son elementos básicos para el arduo trabajo.

El letrado, difícilmente tendrá tiempo para estudiar más carreras universitarias, ello es algo que queda reservado para los que disponen de más tiempo, como los beneficiados por horarios laborales generosos, que permiten compatibilizar vida profesional y familiar y que pueden sacarse 4 o 5 carreras sin excesiva dificultad si disponen de tiempo; nosotros NO, es materialmente imposible pues se es letrado constantemente, no se puede hacer abstracción de lo que uno es.

Vida laboral tremendamente activa con merma de la vida personal-

Quien decide ser letrado, ha de ser consciente que implícitamente su profesión le va a absorber muchísimo, más de lo que se pueda creer ab initio, pues el trasiego constante de quehaceres , cercena el tiempo de forma inmisericorde, obviamente, si el letrado tiene la inmensa fortuna de tener trabajo, porque si no tiene es evidente que o no es buen letrado o bien existe alguna incompatibilidad para el ejercicio de la profesión

CAPITULO 4
JUECES

A lo largo de estos años, he conocido muchos jueces, a los que he tenido siempre el respeto institucional que se merecen, pero que a la vez, también he exigido que tuvieran el respeto que la profesión y dignidad del letrado se merece.

He de decir que buena parte de los Jueces a los que he conocido, han sido dentro, obviamente de la condición humana, pues "errare humanum est", buenos profesionales, trabajadores y con sentido común , pero sin embargo, también he conocido , y he de decir, que me comporta insatisfacción y tristeza, jueces arrogantes a la par que poco competentes y lamentablemente no han sido casos excepcionales, si no que ha habido más, de los humanamente soportables, pues es inaceptable en un Estado de Derecho sometido al imperio de la Ley que existan Jueces que literalmente sepan poco Derecho , y que además, crean que saben, haciendo un ridículo espantoso, desde el punto de vista jurídico, pero a los que, sin embargo, se les encomienda impartir justicia, algo que tendría que estar destinado a gente brillante y con un recto sentido de la misma y no a gente falta de conocimientos jurídicos , los cuales, algunos, han estado más de 8 años para sacarse una carrera que cuesta 5 y sin esfuerzo.

Créanme que es desesperante, tener que entrar en una sala de justicia, sabiendo que aquel Juez o Jueza está poco preparado para impartir Justicia, y que probablemente tenderemos que recurrir en Apelación a la oportuna Audiencia Provincial que sea menester, porque el criterio de ese mal llamado Juez no se ajusta a la Ley ni al ordenamiento jurídico .

No podemos permitirnos Jueces poco competentes, es indecente y una auténtica lacra social , pues debemos exigir siempre un mínimo de sensatez y capacidad jurídica, pues de la poca competencia judicial a la prevaricación, existe una línea muy fina.

En algún caso, entrar en una sala de justicia presidida por quien de antemano ya sabemos que es poco competente, resulta ser un ejercicio de contención frustrantes, porque además , en no pocas ocasiones, los poco competentes suelen ser los más arrogantes, creyendo que al ser Juez se le dota de una capacidad extraordinaria que excede y en mucho, del común de los mortales y creen estar en posesión indubitada de la verdad, y no soportan que , quizás, un letrado les supere en experiencia y en conocimientos jurídicos, aunque el superarlos, no es tampoco ningún mérito del letrado , pues su capacidad judicial es paupérrima en detrimento de los derechos del justiciable.

Sin embargo, lo que jamás he entendido nunca, y me producía, sobre todo al principio de la actividad profesional, una tremenda inquietud, era que algunos jueces, especialmente los menos preparados, se dirigieran al letrado, y casi les imploraban que no recurrieran sus resoluciones porque, eso, el recurrir sería interpretado de forma negativa por la AP ; dichas afirmaciones además de indicar el profundo desconocimiento de esa marioneta de Juez, indicaba una temeridad deleznable y un claro freno a la independencia del letrado, pretendiendo así, que la Audiencia correspondiente, no viera el nivel de justicia de bar del órgano de instancia.

CAPITULO 5
VIOLENCIA DE GENERO, LACRA SOCIAL EN CASO DE EXISTIR

Abordar el espinoso tema de la violencia de género es complejo, pues sin pretender polemizar y con un criterio absolutamente objetivo, basado en multitud de casos observados y tramitados, su existencia muchas veces es tenue, cuando no una inexistencia plena.

Dejando al margen el propio concepto de violencia de género, que en todo caso, creo honestamente, que es un error en su propia denominación, pero ello, sería objeto de un mayor y detenido análisis; en muchas ocasiones, y con una buena dosis de frivolidad, se pretende calificar bajo la expresión "violencia de género" una multitud de episodios y acciones concretas que por sí mismas, pueden evidenciar una falta de respeto y educación , pero en modo alguno, pueden ser catalogadas como acciones propias de violencia de género, pues tendrán la consideración que tengan desde el punto de vista moral(subjetivo siempre) pero en absoluto son violencia de género, desde un punto de vista estrictamente jurídico, aunque, muchas veces se ha catalogado como tal, entiendo, de forma marcadamente injusta e incluso arbitraria. La violencia de género es una lacra social, aunque, sin embargo, sus destinatarios no son únicamente las mujeres, pues lamentablemente, existe un grupo importante de hombres, callados y silenciados que viven en la más absoluta frustración, la violencia de género en sus propias carnes(aunque no se denomine así cuando la sufren los hombres) y que son olvidados e incluso maltratados por la propia Administración.

Sin duda alguna, la violencia de género entronca en su esencia, con la propia vulneración de los más elementales derechos de las partes, sin distinción de género , es la creación de una sumisión plena, una especia de obediencia ciega entre la víctima y su verdugo, una dependencia a todos los niveles, desde la emocional, económica hasta incluso, dependencia ambulatoria, creando un microcosmos de sumisión, un bucle perverso de trágicas consecuencias muchas veces; es obvio, que la violencia de género, no conoce condiciones sociales ni económicas.

Existe y se evidencia, desde la gente menos formada hasta el más reputado profesional liberal, siendo en todo caso, el fundamento para mitigar o erradicar la misma, sin duda, la educación y la cultura.

También es importante destacar que ha existido, existe y lamentablemente existirá, también, el reverso de la violencia de género, esto es, existe una multitud de casos nada despreciables, que por sí mismos, constituyen en no pocas ocasiones, denuncias falsas o en el mejor de los casos, denuncias sin fundamento, exageradas, magnificadas en grado sumo, únicamente para obtener, un beneficio jurídico en un eventual proceso de familia, constituyendo la formulación de esa denuncia, un claro intento de desprestigio hacia el otro cónyuge, con devastadoras consecuencias para el mismo a todos los niveles, psicológicos, económicos, exclusión social estigmatización etc.

Quien suscribe, en muchas ocasiones, ha

tenido la frustrante y desesperante percepción, que ante el presunto " maltratador" no existían los más mínimos derechos.

Paradójicamente la presunción de inocencia consagrada en nuestra carta magna en su artículo 24, se convertía ya de entrada, en una presunción de culpabilidad excitable, y de ello, se han beneficiado algunas mujeres, quienes, al socaire de una ley, han hecho estragos en el sistema judicial y han destruido la vida de muchísimos hombres, personas desvalidas jurídicamente por ser hombres, a quienes se les pisoteaba en sus derechos, sólo porque su pareja, decía que tenía miedo , un miedo absolutamente subjetivo muchas veces, para con ello, amedrentar a su esposo, quien desvalido , sin fuerzas y arrinconado por un sistema legal que penaliza al hombre, lo sumía en una degradación personal, destruyéndolo por completo en todos los ámbitos, como esposos y lo que es peor, incluso, como padres, pues han sido los hijos, muchas veces, las víctimas propiciatorias de algunas mujeres desalmadas y sin escrúpulos, quienes a no ser que el esposo tenga un gladiador-letrado, han tenido un camino muy llano en demasiadas ocasiones.

Necesidad de mediación siempre

Creo que afortunadamente en éste punto, existe un consenso generalizado en los operadores jurídicos, de imponer con carácter incluso preceptivo y no meramente potestativo, la mediación con carácter previo a la contienda judicial, pues en el consenso, es la única opción viable y sin fisuras, en cualquier tipo de controversia y que redundará en beneficio de las partes en litigio

CAPITULO 6
BREVES NOTAS PROCESOS DE FAMILIA

Es mi propósito en este capítulo relatar algunos aspectos concretos en los procesos de familia más relevantes desde el punto de vista de vivencias con los clientes y cuestiones más demandadas desde el punto de vista jurídico. Para ello, es importante tener en consideración estos 5 puntos:

1-ORGULLO INSULTANTE EN LOS PROCESOS DE FAMILIA

Siempre me he preguntado el porqué??? de un orgullo extremadamente insultante, una obsesión incluso enfermiza entre las partes en litigio, por conseguir un linchamiento judicial al adverso, al que en definitiva, formó parte de su vida íntima, durante unos años; mucha gente no entiende, que han de abstraerse de condicionamientos morales, de reproches estériles , pueriles y absurdos, cuya única finalidad, muchas veces, es dañar la , en ocasiones, maltrecha estabilidad emocional de las partes ; creo firmemente a través de cientos y cientos de procesos de familia en los que he intervenido, estar en condiciones de dar unos consejos desde el punto de vista empírico y dogmático.

En un proceso de divorcio no hay vencedores ni vencidos

No es una lucha por quien se queda la vivienda o los hijos; obviamente, ello debería ser así y no una entelequia ni un desiderátum, que queda únicamente en una recomendación.

Es delirante, asistir a largas discusiones entre las partes, no necesariamente carentes de formación, incapaces de llegar a acuerdos fruto de la reflexión y el sosegado diálogo; es cierto , que hay muchas personas incapaces de establecer un diálogo constructivo cuando están en situaciones de conflictos tensionales, pero obvio es, que debemos abordar la situación con serenidad y entereza , pues sólo así se llegan a acuerdos de equilibrio y debidamente consensuados.

2- El divorcio **NO** es un fracaso.

Un divorcio jamás puede ser considerado un fracaso, si se acepta el mismo con madurez y como un paso previo a la búsqueda de una nueva realidad y situación ; antes al contrario, se debe entender en un contexto de crisis de pareja, cuya solución no necesariamente debe ser traumática en modo alguno.

He asistido con demasiada frecuencia tanto en hombres como en mujeres, a un sentimiento de vacío y desesperación inexpugnable tras el divorcio; es evidente que todo proceso, requiere un período de adaptación a los nuevos acontecimientos, pero precisamente ello, debe ser vivido con satisfacción y aprendizaje, pues supone en no pocas ocasiones, una liberación a una situación absurda a perpetuidad sine die, si no se remedia a tiempo y de forma eficaz, siendo el proceso de divorcio la solución y no el fracaso.

3.- Interés primordial – Los hijos en común

Ello es así, sin que quepa duda alguna de ésta afirmación, pues los hijos son lo más importante .Asistimos en los despachos de letrados, a constantes incumplimientos de pensiones de alimentos por parte de padres y madres, a la contumaz inasistencia económica , necesaria e imprescindible prestación de alimentos, a favor de los hijos. En éste apartado, es necesario hacer una importante reflexión, toda vez que, la pensión debe ser siempre proporcional a las necesidades económicas de los hijos y a las posibilidades de alimentante, tomando obviamente, en consideración, numerosas circunstancias propias de variada casuística al efecto.

Así , debemos tener en cuenta que la pensión de alimentos para el menor, es para el hijo y no para la madre o padre , pues en ocasiones se pretende financiar, salidas nocturnas de no pocas madres y algunos padres, con la pensión de alimentos para el hijo , siendo ello deleznable y marcadamente torticero.

No es infrecuente, que algunas madres y

padres, reclamen conceptos al margen de la pensión de alimentos, que se insertan dentro de la misma y por lo tanto, no se pueden exigir jurídicamente, con independencia y además, de la pensión de alimentos, siendo ello motivo, de tórridas discusiones jurídicas.

Uno de los conceptos más ilustrativos , pero existen muchos, es el de la compra de libros y material, pues los mismos, deben satisfacerse con cargo a la pensión ordinaria de alimentos, pues así lo entiende pacífica jurisprudencia, toda vez y tal como dispone el art 142 del Código Civil, la pensión de alimentos también cubre la instrucción del hijo y en ese contexto lo debemos entender ;por lo tanto, ante los chantajes , reprimendas y reflexiones interesadas de la parte en cuestión (madre o padre), debemos remitirnos a lo que dispone nuestro texto legal y jurisprudencia que lo complementa al respecto, al que debemos ceñirnos; otra cosa es, que en el ámbito propio de la negociación del convenio regulador, documento jurídico donde se plasman derechos y deberes del extinto matrimonio, se lleguen a acuerdos sobre determinados gastos, que aún siendo ordinarios, por voluntad de las partes, al amparo de la autonomía de la voluntad art 1255 Código civil, conviertan gastos que son ordinarios en extraordinarios, siempre que, obviamente, esos pactos no sean contrarios a la ley, la moral o el orden público.

Así, que ante afirmaciones de exigencia de dinero en concepto de gastos extraordinarios , antes de proceder a su desembolso, hay que abordar si reúnen la consideración de extraordinarios o no , pues si no lo son, obviamente no hay obligación legal de abono ; y lo serán, si son imprevisibles y además necesarios, pero a los que se le debe añadir la necesidad, de al menos, la información y consentimiento *interpartes*.

4- Actitud siempre positiva

La actitud positiva, la autoafirmación y la predisposición a aceptar las situaciones, es un buen consejo, para quien, haya de pasar una situación de crisis matrimonial; pensemos que la intensidad de las crisis y por lo tanto la afectación tóxica en nuestras vidas, depende en gran medida, de la capacidad de gestión que tengamos para todos y cada uno de los acontecimientos, pues si nos dejamos amedrentar por la apatía y el desánimo, incurriremos en un bucle de fatales consecuencias.

CAPITULO 7
AUTOMATISMO CASI INMISERICORDE DE ATRIBUCIÓN VIVIENDA FAMILIAR – GUARDA Y CUSTODIA

Otro de los grandes "Caballos de batalla" en toda negociación de un Convenio, es la existente en relación a la atribución del domicilio familiar y la guerra sin cuartel por interesar, la custodia de los hijos, en ocasiones, únicamente, para obtener, la vivienda familiar; pues los hijos son desterrados a perpetuidad y conveniencia de algunas madres y padres en domicilios de los abuelos ; sobre éste particular, se han vertido guerras interminables, prolongadas tras sucesivas apelaciones ad *eternum*; personalmente creo, que se ha avanzado muy poco en este particular , con independencia que en algunas legislaciones forales, se han flexibilizado esas atribuciones automáticas , como es el caso de la legislación foral catalana Ley 25/2010 de 29 de julio de

2010 que entró en vigor el 1-1-2011.

Es inadmisible en un ejercicio sano de justicia material, que no pocos hombres, se vean obligados a desalojar sus viviendas , que en ocasiones, es la única vivienda de la que dispone el matrimonio , por mor del divorcio , pues lo razonable , justo y ético , es que si la vivienda lo permite, p.ej , habida cuenta, que la carga hipotecaria de la misma es poco o nula , sería necesario, el sistema de adjudicación(impuesta) a un cónyuge pagando al otro su parte; obviamente, dicho lo anterior, es algo que se hace con frecuencia en el marco de la negociación y el mutuo acuerdo, pero no está previsto con carácter forzoso en los procedimientos contenciosos pues en caso de concesión de la custodia del menor, normalmente a la madre, permanecerá ése derecho inscribible en el Registro de la Propiedad frente a terceros ; pensemos verbigracia en una vivienda cuyo valor de mercado es aprox 100.000 e y sobre la cual existe una hipoteca de 10000 euros ; no es más lógico que quien se quede la vivienda le pague al otro 45000? , no es más lógico que se venda a un tercero y se reparta el dinero,??? que perpetuar una atribución de la vivienda prácticamente sine die??? ; no es de rigor que el padre o la madre también pueda vivir de forma digna??? o es que bajo el albur de la protección a los menores, pretendemos perpetuar la sangría hacia el padre en muchas ocasiones? , quien deberá continuar pagando la mitad de la hipoteca o en ocasiones la totalidad de la vivienda a su ex y los compañeros sucesivos de la misma, en ocasiones, en una vorágine, de monogamia sucesiva ; mientras tanto, el padre con 50- 60 años malviviendo de favores de familiares y amigos, sumido en una profunda depresión con efectos devastadores , incluso en su salud mental, con la aquiescencia del sistema legal.

Seamos sensatos, el divorcio no debe ser nunca un negocio económico y quien lo pretenda sea hombre o mujer va profundamente errado.

Pensión compensatoria para la ex mujer o ex esposo-

Soy absolutamente contrario a éste tipo de pensiones, pues entiendo que sólo caben, en supuestos excepcionales y bien delimitados, pues es intolerable que una mujer o un hombre, solicite una pensión compensatoria a su ex; téngase en cuenta que el sustrato fáctico que justifica su percepción, es la existencia de desequilibrio económico, pero para ello y de acuerdo al art 97 código civil y demás legislación foral, se han de reunir una serie de requisitos, que difícilmente un matrimonio con 10 años de convivencia los reúne.

En no pocas ocasiones, la petición de una pensión /prestación compensatoria, supone un claro freno a la actividad de búsqueda laboral pues " ya me va bien si el ex, pasa la pensión, provocando una pasividad en el perceptor de la misma y siendo un acicate de la indolencia absoluta.

GUARDA Y CUSTODIA

Sirva de entrada, la afirmación categórica, que el que suscribe es un defensor de la guarda compartida , pero ello, no es óbice, para que la misma, se haya de otorgar atendiendo a las circunstancias concurrentes en el caso concreto y no siempre , ni es la mejor opción ni la más recomendable.

Así, aunque a veces en abstracto, sea lo más recomendable existen numerosas circunstancias, que impiden que la compartida sea una buena fórmula; pensemos en trabajos de los progenitores absorbentes de 12 o 13 h diarias , pensemos en actividades, que no permiten la compatibilidad de horarios, pensemos en padres y madres , que " pasen absolutamente de los hijos" etc. ; en esos casos, lo más razonable, es tener las máximas visitas posibles, atendida la situación fáctica, porque es obvio, que la prioridad es el hijo, pero también es innegable, que el trabajo es muy importante, gracias al cual, pretendemos llevar una vida digna.

No se puede pretender solicitar la compartida para luego , como en ocasiones sucede, delegar en quienes ya han sido padres , los cuales, realizan una labor encomiable, pero que no son padres si no abuelos ; por lo tanto, quien pretenda la compartida, ha de ser porque realmente quiere y puede, no sólo quiere y no puede; en consecuencia, por ejemplo, quien disponga de poco tiempo o no tenga en quien delegar en casos excepcionales, mejor que disponga de un régimen normalizado de visitas, o bien aspirando casi a la compartida, tenga un traje a medida donde, poder disfrutar mucho, tanto o más, quizás, que en la compartida.

Pretensiones abyectas en la formulación de la guarda y custodia compartida

Nos encontramos en no pocas ocasiones, en que la formulación de la compartida conlleva pretensiones espurias a la propia naturaleza jurídica de la misma, pues es inadmisible, pretender una compartida , para delegar constantemente en familiares y terceros con el vil propósito de así, no pagar la pensión de alimentos ;ello no es así, o al menos no debería serlo , pues quien pretende una compartida en esos términos, no antepone los intereses de los menores ante cualquier toma de decisión, pues, mediante una actitud inadecuada a todas luces, pretende no responsabilizarse de los hijos bajo la petición fraudulenta de una compartida ; dicho esto, y que afectaría a las peticiones de algunos hombres, también es cierto, que estamos cansados, es más, diríamos hartos, de las posiciones dominantes e injustificadas también, de no pocas mujeres, quien mediante un sentimiento de propiedad absurdo y delirante, cual cosificación y por mor del alumbramiento del hijo, creen que se les dota de una derecho inalienable y sin duda superior al hombre, para ser acreedoras a la exclusiva, y nos preguntamos porque???? Atónitos, perplejos, y estupefactos ante afirmaciones aún hoy, del tipo:

- *El hijo es mío porque lo he parido yo (como si el padre no contara para nada) déjenme decirles que es PATETICO .*
-No puede ser la compartida, porque él no sabe – Argumento también muy habitual , a lo que se les pregunta:

tan difícil es Señora cuidar a un hijo??? Es

que Vd. si sabe y el esposo por ser Hombre no sabe? A lo cual, todas o la inmensa mayoría, como no existen argumentos convincentes, sucumben a la luz de la razón, a pesar de continuar pretendiendo la guarda para sí.

- Es que mi marido me maltrata psicológicamente –

Otro argumento recurrente "ad nauseam" pues algunas mujeres, sobre todo las que carecen de argumentos sólidos y coherentes y no ajustados a la realidad, sólo saben utilizar como arma arrojadiza de su frustración, una afirmación, muchas veces, tan lacónica como falsa "me maltrataba psicológicamente" pues basta adentrarse en lo que la persona en cuestión entiende como maltrato psicológico, para ver, que en muchas ocasiones, no es cierto, llegando a realizar afirmaciones absurdas y esperpénticas como:

-Es que me siento vacía porque no me acompaña a hacer la compra.
-Es que a veces no quiere hacer lo que yo le digo
-Es que a veces quiere tener razón en las

discusiones, y Esto es ser machista.

Dicho lo anterior, huelgan comentarios.

CAPITULO 8
VICTIMAS DEL SISTEMA JUDICIAL
ANECDOTAS DE CASOS REALES

El futbolista

En mis primeros años del turno de oficio, asistí en un juicio oral penal por una estafa a una compañía de seguros , llevando la defensa del joven, a una situación cuando menos especial, pues tras hablar con mi cliente y advertirle que acudiera a la Sala de Vistas de una forma adecuada, afirmación ésta que entendía era suficiente para que el interlocutor, al menos, acudiera de forma decorosa , para mi perplejidad y asombro, el citado joven acusado de una estafa, por cuyo delito se le solicitaba la nada despreciable condena de 2 años privativos de libertad, con las consecuencias inherentes a tal declaración, acudió a la Vista del Juicio , vestido de futbolista , esto es , su indumentaria era la siguiente : pantalones cortos de deporte con sus calcetines blancos a juego, y botas de futbol , todo ello adornado, por una estridente camiseta de la Juventus , conocido equipo de la liga azurra, y con el número 10 de Platini en el dorso .

Aún cuando le advertí de lo inadecuado de su indumentaria y una vez ya en la Sala de lo Penal y con carácter previo al inicio, con la intención de una eventual conformidad de las partes, para la evitación de la prosecución del Juico, el Magistrado se dirigió al letrado de la defensa de la siguiente manera" por favor señor letrado hable con el futbolista a ver si podemos llegar a un acuerdo"

Juez POCO COMPETENTE

Como en todas las profesiones nos encontramos con personal poco competente y que además con su orgullo hacen insoportable, muchas veces, la profesión.

Así las cosas, en un proceso de familia

donde, fundamentalmente se ventilan los intereses de menores, recuerdo con gran decepción y enorme frustración, aunque definitivamente se recondujo la situación, pero sin duda, gracias a la actitud positiva de las partes y de los letrados, no sin embargo, de una pantomima de Juez, poco competente donde los haya y orgulloso y soberbio como pocos, siendo inversamente proporcional su valía con su desatada arrogancia .

Pues bien, ante unas medidas provisionales, que para el lego en derecho , significa que se solicita el amparo judicial de forma provisional ante una situación de crisis matrimonial , en el supuesto concreto, se trataba de un esposo quien había abandonado el domicilio familiar y a quien por los motivos que fuera, los menores apenas querían tener contacto, y aún así, con una soberbia inadmisible y una arrogancia sin límites, ante la petición de ésta parte, que llevaba la defensa de la madre y esposa, el Juez inadmitió la exploración de un menor de 15 años con argumentos del todo punto peregrinos y banales y carentes de fundamentación jurídica ante la atónita perplejidad de quien suscribe.

Una vez celebrada la Vista y yendo ésta a

la perfección para los intereses de ésta parte, en días posteriores vino la insólita resolución, evidenciando la poca competencia de un Juez indigno de ser tal , pues no sólo se imponía una compartida no querida por los hijos 15 y 9 años , sino que absurdamente, se obligaba a la madre, a abandonar el domicilio familiar, para a su vez, volver al mismo quien ya había marchado .

Pese a la insólita resolución, y a pesar , de que , con buen criterio la Audiencia Provincial enmendó la plana del Juez poco competente , el daño moral y económico ya estaba causado, tanto a la madre como a los indefensos menores, un sentimiento de impotencia y frustración al confiar en un operador jurídico indigno de serlo invadía con inusitada desazón el ánimo de la madre y del profesional firmante .

Hemos de destacar, que es perfectamente legítimo discrepar de las resoluciones judiciales y para ello tenemos el acceso a los recursos previstos en la Ley, pero no por ello, jamás se han de perder ni las formas ni las esenciales normas de consideración y respeto.

Dicho esto y aún cuando pueda ser una obviedad y por lo tanto innecesaria su consideración y si bien es cierta la referida afirmación, jamás tampoco hemos de permitir que desdeñen nuestra profesión, ni los intereses de los clientes , pues no es ocioso recordar que en no pocas ocasiones quien ha de decidir, cree que es acreedor de un poder casi divino que lo eleva a un nivel intelectual inalcanzable para los simple mortales y se cree dotado de una infalibilidad insultante, la cual debemos poner en duda y en tela de juicio, pues ello queridos lectores, no es así en absoluto.

Móvil endemoniado

Recuerdo con estupor y inmisericorde preocupación, como en un juicio donde se acusaba a una madre , quien en el ejercicio razonable del deber y derecho de corrección a sus hijos había incautado un móvil a un menor de 9 años por haber éste sido un mal estudiante, e incomprensiblemente el Juez a quo (dícese del Juez que dicta la primera resolución susceptible de recurso en segunda instancia) condenó a la hastiada madre a una pena de multa porque entendió que había incurrido en una falta de coacciones ¿????????????; naturalmente, quien suscribe recurrió la mentada resolviendo la controversia la Audiencia Provincial de Tarragona en el sentido de apoyar y refrendar la tesis de la defensa y naturalmente absolver a mi cliente por cuanto entendió que era ridículo a la par que un sinsentido condenar una madre por tales motivos.

www.ingramcontent.com/pod-product-compliance
Lightning Source LLC
Chambersburg PA
CBHW031536210526
45464CB00003B/1041